COPA MUNDIAL
RUSIA 2018

NÓSTICA
editorial

COPA MUNDIAL RUSIA 2018

© **Derechos Reservados**
Nóstica Editorial S.A.C. 2018
Según Ley N° 13714 y D. Ley 822

Autor Compilador: Equipo Nóstica Editorial
Coordinador: Bruno Olcese
Revisión Ortográfica y gramatical: Tania Carbajal
Edición, diagramación y diseño de cubierta: Julio Javier

Editado por Nóstica Editorial S.A.C.
E-mail: atencionalcliente@nosticaeditorial.com
Primera edición. Febrero 2018

ISBN: 978-1721033386

Prohibida la reproducción total o parcial de este libro, por cualquier medio, sin permiso escrito de la Editorial.

ÍNDICE

INTRODUCCIÓN.. 07

CAPÍTULO I: SELECCIONES.. 09
EQUIPOS CLASIFICADOS.. 11
CLASIFICACIÓN DE PERÚ... 23
    Las cuatro veces que Perú clasificó a un Mundial........................ 23
    Cómo le fue en los mundiales... 24
    Cómo llegó a clasificar al Mundial Rusia 2018........................... 25

CAPÍTULO II: ¿CUÁL ES EL MEJOR HIMNO DEL MUNDIAL?..... 27
    «La Marsellesa», himno de Francia.. 27
    Himno de Rusia... 28
    Todos los himnos de los Mundiales... 29

CAPÍTULO III: SEDES Y ESTADIOS..................................... 32
SEDES MUNDIALES DESDE 1930... 33
ELECCIÓN DEL PAÍS ANFITRIÓN.. 39
ESTADIOS.. 40
    El legendario Estadio Olímpico Luzhnikí................................. 40
    Estadio Otkrytie Arena: la guarida del Spartak de Moscú............ 41
    Estadio de Kaliningrado... 42
    Kazán arena: La joya Tártara.. 42
    Estadio de Nizhni Nóvgorod: la vieja ciudad prohibida............... 43
    Estadio Cosmos Arena: en la ribera del Volga.......................... 44
    Estadio Volgogrado Arena: Stalingrado................................... 44
    Estadio de San Petersburgo: puro escándalo............................ 45
    Estadio Mordovia Arena.. 46
    Estadio Rostov Arena : cerca a Ucrania.................................. 46
    Estadio Olímpico de Sochi.. 47
    Estadio Central (Ekaterimburgo)... 48

CAPÍTULO IV: DATOS CURIOSOS....................................... 49

CAPÍTULO V: FIXTURE... 58

INTRODUCCIÓN
FIFA WORLD CUP

Desde 1930 hay una competencia que demuestra el poder de la infraestructura y desarrollo del país anfitrión, pero, sobre todo, el impulso competitivo de la naturaleza propia del ser humano; y por ello, el poder físico y estratégico de la selección de cada país (en este caso solo 32 países): la Copa Mundial FIFA 2018.

Es, pues, un torneo que eleva el amor patriótico y hace partícipe a todos, sin excepción, en un juego tan simbólico a nivel mundial, de ahí su importancia.

Pero, cuidado, vivir el Mundial Rusia 2018 no es solo ver cada partido de la FIFA que acontece en el medio que tengamos disponible, sino también disponer de cierta información básica e interesante de las fechas, los uniformes, los estadios, los apelativos de cada selección y las figuras claves de cada una de ellas, además de las curiosidades más emblemáticas de cada selección. Qué orgullo es ser un/a seguidor/a de la Copa y tener un conocimiento previo al presentador, el cual es ordenado y estructurado. Qué orgullo opinar con conocimiento y promover el gusto por el deporte con buen ánimo. Cuán gratificante es conocer no solo sobre el propio país en materia de fútbol, sino también a nivel general. Un conocimiento integral del Mundial nos lleva a vivirlo más.

Hay todo un trabajo de arquitectura, textilería, publicidad, entrenamiento e incluso gastronomía detrás del fútbol, a razón de ello, para que nadie se lo pierda y viva el Mundial de cerca, se presenta este libro.

Empezamos con datos históricos sobre cómo fue el primer Mundial y dónde se desarrolló; cómo llegamos hacia la Copa de Rusia 2018; y seguimos con las sedes a lo largo de la historia y con las selecciones participantes; continuamos con los estadios y las curiosidades, para terminar con el fixture, material que siempre se podrá consultar para estar al tanto de las fechas y los encuentros rivales.

Ahora sí, de vuelta a la página y viva la Copa Mundial Rusia 2018.

CAPÍTULO I
SELECCIONES

Llegó lo esperado, el más significativo combate público de fútbol en categoría de países en todo el orbe: la Copa Mundial de la FIFA, a menudo llamada Copa Mundial de Fútbol, o brevemente «el Mundial», cuyo título primero fue el «Campeonato Mundial de Fútbol».

A partir de 1930, cada cuatro años, este suceso deportivo se celebra, con la excepción de los años 1942 y 1946, que es cuando se dejó de realizar debido a la Segunda Guerra Mundial. Cuenta con dos fases primordiales: un procedimiento clasificatorio en el que participan cerca de 200 selecciones nacionales y un período final ejecutado cada cuatro años en una capital elegida con anticipación, en la que participan 32 equipos durante un tiempo cercano a un mes.

Copa Mundial Rusia 2018

Los 32 equipos que intervienen en la etapa final se parten en 8 grupos de 4 equipos cada uno. Entre el grupo cada equipo juega tres partidos, uno contra cada uno de los restantes miembros del grupo. Según el desenlace de cada partido, se conceden tres puntos al triunfador y ninguno al perdedor, y en caso de paridad, se concede un punto a cada equipo. Integran la siguiente ronda los dos equipos de cada grupo mejor clasificados. El orden de clasificación se fija teniendo en cuenta los siguientes criterios, en orden de preferencia:

1. El mayor número de puntos alzanzados considerando todos los partidos del grupo. **2.** La mayor diferencia de goles totales considerando todos los partidos del grupo y **3.** La mayor cantidad de goles a favor anotados considerando todos los partidos del grupo.

Si dos o más equipos quedan empatados según los criterios enlistados, sus posiciones se establecerán mediante los siguientes criterios, en orden de preferencia:

a. La mayor cantidad de puntos alcanzados entre los equipos en cuestión, **b.** La diferencia de goles considerando los partidos entre los equipos en cuestión, **c.** La mayor cantidad de goles marcados a favor por cada equipo en los partidos reñidos y, **d.** Sorteo del comité que organiza la Copa Mundial.

La segunda serie incluye todas las fases a partir de los octavos de final hasta la final. El triunfador de cada partido se filtra a la posterior fase, y el perdedor queda eliminado. Los equipos perdedores de las semifinales juegan un partido por el tercer y cuarto lugar. En el partido final, el triunfador obtiene la Copa del Mundo. Si el partido termina igualado se juega un período suplementario. Si el resultado sigue parejo tras la prolongación se define con tiros comenzando en la posición penal.

Sorteo de clasificatoria

El sorteamiento preliminar en en el cual se definieron los grupos y fechas para los encuentros de categorización se llevó a conclusión en el Palacio Konstantínovski de San Petersburgo, el 25 de julio de 2015. En total, 208 de las 211 federaciones afiliadas a la FIFA tomaron parte de la etapa clasificatoria, excepto las selecciones de Zimbabue e Indonesia, descalificados de la fase de clasificación. Rusia, como lugar anfitrión, no formó parte del desarrollo. Durante una sesión en Zúrich, se anunció que la distribución de los 31 cupos fuera la siguiente:

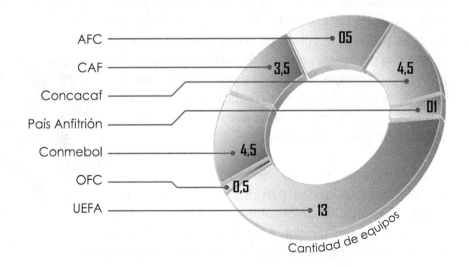

EQUIPOS CLASIFICADOS
EUROPA
LEAGUE

RUSIA
- Ruta al mundial: país anfitrión. Como anfitrión de la Copa Mundial de la FIFA 2018, Rusia está automáticamente clasificada.
- Clasificación FIFA: 64
- Participaciones: 3 (7 como URSS)
- Mejor figuración: primera ronda (4º como URSS, 1966)
- Integrante clave: Igor Akinfeev. El experimentado arquero cuenta con más de 100 partidos con su selección y, con 31 años, será quien conduzca a la agrupación.
- El dato: se le conoce como «Сборная» o «Sbornaya», que es lo mismo, y quiere decir «El Equipo Nacional».

BÉLGICA
- Ruta al mundial: 1º grupo H (Europa)
- Clasificación FIFA: 5
- Participaciones: 12
- Mejor figuración: 4º (1986)
- Integrante clave: Eden Hazard. Con su rapidez, cambio de equilibrio y perspectiva, el deportista del Chelsea es quien dará la nota extraordinaria a una selección que se posiciona como una de las candidatas al título.
- El dato: denominada los «Diablos Rojos», ellos lideraron invictos el Grupo H de la UEFA.

ALEMANIA
- Ruta al mundial: 1º grupo C (Europa)
- Clasificación FIFA: 1
- Participaciones: 19 (como Alemania y Alemania Federal)
- Mejor figuración: campeón (1954, 1974, 1990 y 2014)
- Integrante clave: Toni Kroos. El mediocampista del Real Madrid es uno de los más experimentados en el momento; es número uno en el mundo y es el encargado de caracterizar el compás del juego con toque alemán.

- El dato: se le conoce como «Die Mannschaft» (significa «el equipo» en alemán) o «La Aplanadora».

INGLATERRA
- Ruta al mundial: 1º grupo F (Europa)
- Clasificación FIFA: 15
- Participaciones: 17
- Mejor figuración: campeón (1966)
- Integrante clave: Harry Kane. El colosal goleador de la Premier, la pasada temporada se ha transformado en uno de los delanteros más temidos del balompié. Su instructor, Mauricipo Pochettino, lo adora y cree que si sigue evolucionando estará a la medida de Cristiano Ronaldo y Lionel Messi.
- El dato: llamados los «Tres Leones». Alude a los animales del escudo inglés que también están en el escudo de la Asociación Inglesa de Fútbol. Han clasificado 14 veces y han jugado en 16 competiciones preliminares.

ESPAÑA
- Ruta al mundial: 1º grupo G (Europa)
- Clasificación FIFA: 11
- Participaciones: 14
- Mejor figuración: campeón (2010)
- Integrante clave: Isco. Progresivamente sube el valor del mediocampista del Real Madrid en una selección llena de estrellas. Aparte de su habilidad, que garantiza la prolongación del juego de toque, actualmente está incorporando intuición de gol a sus partidos.
- El dato: el apodo del equipo español era «La Furia», nacido en Amberes, en 1920, cuando España logró la medalla de plata. También se le llamaba «La Furia Roja». Desde el 2004, por encargo del DT Vicente del Bosque, se divulga la denominación de «La Roja» para España, por asuntos de publicidad.

POLONIA
- Ruta al mundial: 1º grupo E (Europa)
- Clasificación FIFA: 6
- Participaciones: 7
- Mejor figuración: tercero (1982)
- Integrante clave: Robert Lewandowski. Es indudable que no puede ser otro que el delantero del Bayern Múnich, quien con 16 goles de los nueve partidos de clasificación que ha reñido, logró asentar un formidable récord. En general lleva 51 goles en 91 partidos.
- El dato: se conoce como los «Blanquirrojos» a la selección polaca, quienes terminaron terceros en Alemania (1974) y España (1982).

SERBIA
- Ruta al mundial: 1º grupo D (Europa)
- Clasificación FIFA: 32
- Participaciones: 11 (8 como Yugoslavia, 3 junto a Montenegro)
- Mejor figuración: cuarto (1930, 1962)
- Integrante clave: Aleksandar Mitrovic. El sutil pero eficaz deportista del Newcastle es el tipazo procurador del gol en una selección que se fundamenta en la habilidad de integrantes como Kolarov, Ivanovic, Matic y Tadic.
- El dato: se les conoce como las «Águilas Blancas». Los serbios fueron líderes del Grupo D de la UEFA con un solo fracaso en su historial.

ISLANDIA
- Ruta al mundial: 1º grupo I (Europa)
- Clasificación FIFA: 22
- Participaciones: 0
- Mejor figuración: Primera vez que clasifica a un Mundial.
- Integrante clave: Gylfi Sigurðsson. El gran resucitar de la agrupación islandesa ha ido del favor de Gylfi Sigurðsson, un medio campista de la nueva estirpe de jugadores que ha captado la curiosidad de todo el orbe. El jugador del Everton anglosajón marcó uno de los goles en el partido que clasificó a Islandia al Mundial Rusia 2018.
- El dato: a la selección se le conoce como «nuestros muchachos». Es el país más pequeño de la historia a nivel de población que se ha clasificado para la Copa Mundial.

PORTUGAL
- Ruta al mundial: 1º grupo B (Europa)
- Clasificación FIFA: 3
- Participaciones: 6
- Mejor figuración: tercero (1966)
- Integrante clave: Cristiano Ronaldo. Cuando Portugal está en peligro siempre sale la figura de Ronaldo para defenderlo. Ocurrió en la pasada Eurocopa y también en el proceso de clasificación a Rusia, donde busca glorificarse con el título que no pudo lograr Eusebio.
- El dato: llamados «Los Lusos», «El equipo de los Escudos» (Seleção das Quinas). Rusia 2018 será su quinto Mundial sucesivo.

FRANCIA
- Ruta al mundial: 1º grupo A (Europa)
- Clasificación FIFA: 8
- Participaciones: 14
- Mejor figuración: campeón (1998)
- Integrante clave: Kylian Mbappé. La novedad de 18 años llegará al Mundial con la marca de súper estrella pese a su juventud. Es el elegido para liderar la próxima generación de jugadores y se espera que la cita en Rusia sea su coronación.
- El dato: conocidos como los «Bleus», Rusia 2018 será su sexta participación consecutiva en la Copa Mundial.

SUIZA
- Ruta al mundial: 2º grupo B. Ganó a Irlanda del Norte en el repechaje.
- Clasificación FIFA: 7
- Participaciones: 10
- Mejor figuración: cuartos de final
- Integrante clave: Xherdan Shaqiri. Con 25 años de edad, Shaqiri es la magia y el motor que motiva la ofensiva de una selección que es más reconocida por su tenacidad defensiva. El jugador del Stoke City lleva 20 goles con el uniforme de la cruz blanca en el pecho y penderá de él el destino de la selección en Rusia 2018.
- El dato: se le conoce como «Schweizer Nati» (abreviación de Nationalmannschaft), traducido como «El Equipo Nacional Suizo».

CROACIA

- Ruta al mundial: 2º grupo I (Europa). Ganó a Grecia en repechaje.
- Clasificación FIFA: 18
- Participaciones: 4
- Mejor figuración: 3º (1998)
- Integrante clave: Luka Modric. A sus 32 años será una de las estrellas en Rusia. La figura del Real Madrid es la esencia en el centro del campo de una Croacia que anhela recobrar la gloria que tuvo en 1998. Admirado por un increíble control del espacio y el tiempo, Modric ha tenido un rol crucial en las tres ligas de campeones ganadas por conjunto merengue.
- El dato: conocidos como los «Vatreni», que en serbiocroata significa «lleno de fuego». Por eso también se les apoda «los ardientes». Otra acepción de la palabra Vatreni es «los feroces».

SUECIA

- Ruta al Mundial: 2º grupo A. Venció a Italia en el repechaje.
- Clasificación FIFA: 25
- Participaciones: 11
- Mejor figuración: subcampeón (1958)
- Integrante clave: Marcus Berg. El que más goles metió en la campaña de los suecos en la eliminatoria fue el delantero del Al-Ain Football Club de la Primera División de los Emiratos Árabes Unidos. ¡Para temerle!
- El dato: conocidos como los «Blågult» (azul-dorado), en relación a su uniforme; quedaron segundos como anfitriones en 1958.

DINAMARCA

- Ruta al mundial: 2º grupo E. Ganó a Irlanda en el repechaje.
- Clasificación FIFA: 19
- Participaciones: 4
- Mejor figuración: 8º
- Integrante clave: Christian Eriksen. Es el más grande goleador de la selección de Dinamarca, actualmente cuenta con 26 goles en 35 partidos. Tiene apenas 25 años y será su primer campeonato Mundial. En el partido definitivo contra Irlanda anotó un hat-trick.
- El dato: llamados la «Dinamita Roja», esta selección se aseguró el billete con una grata victoria en la repesca ante la República de Irlanda.

-CONMEBOL-

BRASIL
- Ruta al mundial: 1º (Sudamérica)
- Clasificación FIFA: 2
- Participaciones: 20
- Mejor figuración: campeón (1958, 1962, 1970, 1994, 2002)
- Integrante clave: Neymar. El jugador más caro del mundo tuvo que dejar a la Canarinha por lesión justo antes del desastre del Mineirao contra Alemania. Ahora está en misión de escalar hasta la cumbre del fútbol.
- El dato: posee diferentes sobrenombres, como «Canarinha» (de canario) o «Verde-amarela», por el matiz de la camiseta y sus diseños. También se le llama «Scratch du Oro». Scratch es un anglicismo que expresa concretamente «rayar» o «arañar», pero posee significados distintos según el contexto. Aquí, se usa para un jugador sin golpes adjudicados precedentemente o para alguien muy destacado. Eso sí, no es correcto el apodo de «cariocas», que se refiere únicamente a los nativos de Río de Janeiro.

URUGUAY
- Ruta al mundial: 2º (Sudamérica)
- Clasificación FIFA: 16
- Participaciones: 12
- Mejor figuración: campeón (1930, 1950)
- Integrante clave: Luis Suárez. El más grande goleador de la selección uruguaya suele presentarse cuando más lo requiere su país, como ocurrió en Sudáfrica 2010 frente a Ghana; y en Brasil 2014, con sus dos goles frente a Inglaterra.
- El dato: se le conoce como la «Celeste» por su camiseta. Esta selección se proclamó campeona mundial en 1930 como anfitriona, y en el Brasil de 1950.

ARGENTINA
- Ruta al mundial: 3º (Sudamérica)
- Clasificación FIFA: 4
- Participaciones: 16
- Mejor figuración: campeón (1978, 1986)
- Integrante clave: Lionel Messi. Sobrellevó lo impredecible, pero al final logró guiar a Argentina a la clasificación. Actualmente depende de él consumar su palmarés y lograr el título que más ha ambicionado en su carrera: la Copa Mundial con la Albiceleste.
- El dato: conocida como la «bicampeona mundial» o los «Albicelestes». El sobrenombre del equipo de Maradona hace alusión a los colores celeste y blanco de su bandera y uniforme.

COLOMBIA
- Ruta al mundial: 3º (Sudamérica)
- Clasificación FIFA: 10
- Participaciones: 5
- Mejor figuración: cuartos de final
- Integrante clave: Radamel Falcao. El Tigre no quiso malgastar su oportunidad de jugar un Mundial tras la desilusión que aguantó en Brasil 2014. Fueron sus goles los que le proporcionaron la clasificación a Colombia, y, al presente, quiere disfrutar su fiesta.
- El dato: los colombianos denominan a su equipo «Selección Colombia» o «Tricolor», pero en el exterior se les dice «cafeteros» y el errado «paisas», que en realidad es una calificación para un área cultural y geográfica que abarca los departamentos de Antioquia, Caldas, Risaralda y Quindío. No es correcto usar ese apelativo para todos los colombianos.

PERÚ
- Ruta al mundial: 5º. Ganó a Nueva Zelanda en el repechaje.
- Clasificación FIFA: 10
- Participaciones: 4
- Mejor figuración: cuartos de final (1970)
- Integrante clave: Paolo Guerrero. Es el guía de la selección que dio pelea contra una tradición pesimista para que, en una segunda vuelta espectacular, consiguiera su clasificación a un Mundial luego de 36 años. Su energía estuvo en el triunfo sobre Nueva Zelanda en el repechaje.
- El dato: se le conoce como la «Blanquirroja», la selección regresa a la fiesta del fútbol tras 36 años de no haber pisado un Mundial.

CONCACAF

MÉXICO

- Ruta al mundial: 1º (Concacaf)
- Clasificación FIFA: 14
- Participaciones: 15
- Mejor figuración: cuartos de final
- Integrante clave: Hirving Lozano. Se transformó en el primer jugador en apuntar en sus primeros tres partidos con el PSV Eidhoven, después de llegar al equipo holandés en 2017. Su huella en México ha sido similar, apuntando el gol que dio la clasificación al Tri en la victoria contra Panamá, y dos de los tres goles en el empate contra Bélgica.
- El dato: evidentemente es apodado por los tres colores de la bandera y del uniforme: el «Tri». La selección solo perdió un partido de camino a Rusia 2018.

COSTA RICA

- Ruta al mundial: 2º (Concacaf)
- Clasificación FIFA: 21
- Participaciones: 4
- Mejor figuración: cuartos de final
- Integrante clave: Keylor Navas. El arquero tico llegó al Real Madrid tras su rimbombante Mundial en Brasil, y desde entonces se ha arraigado como una de las manos más seguras del mundo, hasta el punto que está nominado por la FIFA en los galardones The Best.
- El dato: los «Ticos» impresionaron en Brasil 2014, donde alcanzaron los cuartos de final.

PANAMÁ

- Ruta al mundial: 3º (Concacaf)

- Clasificación FIFA: 60
- Participaciones: ninguna
- Mejor figuración: no participó
- Integrante clave: Blas Pérez. No fue sencillo elegir a uno cuando se trata de una selección que viene batallando por el objetivo mundialista desde hace más de diez años. Felipe Baloy, Luis Tejada y Jaime Penedo han sido sus más próximos aliados.
- El dato: conocidos como los «Canaleros», Rusia 2018 será su debut en la Copa Mundial.

Asian Football Confederation

IRÁN

- Ruta al mundial: 1° grupo A (Asia)
- Clasificación FIFA: 25
- Participaciones: 4
- Mejor figuración: primera ronda
- Integrante clave: Ramin Rezaeian. Parte de una temible defensa, el lateral de 27 años planea muy bien el ataque gracias a su ligereza y exactitud al centralizar la pelota.
- El dato: fue el primero de la AFC que se hizo con el billete para Rusia 2018; se le conoce como el «equipo Melli».

COREA DEL SUR

- Ruta al mundial: 2° grupo A (Asia)
- Clasificación FIFA: 51
- Participaciones: 9
- Mejor figuración: 4° (2002)
- Integrante clave: Son Heung-min. La imagen del Tottenham ha confirmado en la Liga Premier su mutabilidad en toda la línea de ataque y asumirá la presión de reencontrarse con el gol para su selección, con la que no marca desde 2016.
- El dato: increíblemente no se han perdido ni una edición desde 1986, no por nada llevan el apelativo de «los Guerreros Taeguk».

JAPÓN
- Ruta al mundial: 1º grupo B (Asia)
- Clasificación FIFA: 40
- Participaciones: 5
- Mejor figuración: octavos de final
- Integrante clave: Takuma Asano. Sin hacer mucho alarde como Honda, Kagawa u Okazaki, el delantero de 22 años del Arsenal inglés, ya tiene tres goles con su selección, y el año pasado auxilió al Stuttgart a escalar a la Bundesliga.
- El dato: tienen un apodo poderoso, «los Samuráis»; es preciso saber que han alcanzado los octavos de final dos veces.

ARABIA SAUDITA
- Ruta al mundial: 2º grupo B (Asia)
- Clasificación FIFA: 53
- Participaciones: 4
- Mejor figuración: octavos de final
- Integrante clave: Mohamed Al-Sahlawi. El experimentado delantero fue decisivo para el retorno de la selección árabe a un Mundial de fútbol, después de 12 años de alejamiento. Con 28 goles en 35 partidos, tratará de asentar su nombre entre los goleadores de Rusia.
- El dato: debutaron en la Copa Mundial en Estados Unidos 1994, y se les conoce como los «Hijos del Desierto».

AUSTRALIA
- Ruta al mundial: 3º grupo B. Ganó a Siria y Honduras en el repechaje.
- Clasificación FIFA: 43
- Participaciones: 4
- Mejor figuración: octavos de final (2006)
- Integrante clave: Tim Cahill. Jugará en el Mundial con 38 años, pero la autoridad que su figura tiene en el equipo será esencial para que Australia aspire a repetir su desempeño en 2006, cuando cayó eliminada frente a Italia, a la postre campeón, tras un fallo discutible.
- El dato: los australianos tomarán parte en su quinta Copa Mundial; se les conoce como los «Socceroos».

CAF
CONFEDERACIÓN
AFRICANA DE FÚTBOL

NIGERIA
- Ruta al mundial: 1º grupo B (África)
- Clasificación FIFA: 44
- Participaciones: 4
- Mejor figuración: octavos de final
- Integrante clave: John Mikel Obi. Es el capitán y tiene más práctica en las Águilas Verdes al haberse puesto el uniforme en 80 fechas. Su figura en el centro del campo le da calma a un equipo que cuenta con considerable dominio de ataque gracias a Iheanacho, Iwobi, Ighalo y Moses.
- El dato: conocidos como «las Súper Águilas» solo se han perdido una edición desde su debut en Estados Unidos, en 1994.

EGIPTO
- Ruta al mundial: 1º grupo E (África)
- Clasificación FIFA: 30
- Participaciones: 2
- Mejor figuración: primera ronda
- Integrante clave: Mohamed Salah. La novedad del Liverpool, es el jugador más amenazador de una selección egipcia que vuelve al Mundial por primera vez desde 1990. Lleva 32 goles para su país, contando los cinco durante las eliminatorias a Rusia.
- El dato: se han clasificado por primera vez desde Italia 1990 y se les conoce como «los Faraones».

SENEGAL
- Ruta al mundial: 1º grupo D
- Clasificación FIFA: 32
- Participaciones: 1
- Mejor figuración: cuartos de final (2002)

- Integrante clave: Sadio Mané. Es evidentemente que es la gran estrella de Senegal, luego de ponerse 48 veces el uniforme de la selección y registrar 14 goles desde su inicio en 2012. Hace dos años registró el hat-trick más rápido en la historia de la Liga Premier, y de sus chimpunes salieron los goles que le proporcionaron a Senegal la clasificación a un Mundial por segunda vez en su tradición, tras su asombrosa participación en 2002.
- El dato: en su bautismo de fuego, en Corea/Japón 2002, los «Leones de la Teranga» se plantaron en cuartos de final.

TÚNEZ
- Ruta al mundial: 1º grupo A (África)
- Clasificación FIFA: 31
- Participaciones: 4
- Mejor figuración: primera ronda
- Integrante clave: Wahbi Khazri. El actual integrante del Rennes francés es el hombre más respetado de Túnez no simplemente por ser el encargado de montar el juego, sino por su talento frente al arco contrario. Sus 11 goles en los 32 partidos que ha jugado para su país es la mayor victoria que tiene un futbolista con la selección nacional hoy por hoy.
- El dato: denominados «las Águilas de Cartago»; en 1978 (Argentina), se convirtieron en la primera selección africana que ganó un partido de la Copa Mundial.

MARRUECOS
- Ruta al mundial: 1º grupo C
- Clasificación FIFA: 48
- Participaciones: 4
- Mejor figuración: octavos de final (1986)
- Integrante clave: Medhi Benatia. Forma parte de las defensas céntricas más ansiadas de la última década en Europa, por sus obras con el Roma, Bayern Múnich y Juventus. Benatia es el capitán y figura en el retorno de Marruecos a un Mundial luego de 20 años. Él será el responsable de encaminar a grandes promesas como Achraf Hakimi (Real Madrid) y Sofiane Boufal (Southamption).
- El dato: fueron primeros del Grupo C en los preliminares de la CAF y se les conoce como «los Leones del Atlas».

CLASIFICACIÓN DE PERÚ

Perú clasificó al Mundial Rusia 2018 inmediatamente después de ganar 2-0 a la selección de Nueva Zelanda en un fabuloso partido en el Estadio Nacional. El júbilo explotó en la cancha con la celebración de los jugadores y se expandió por todo el Perú. Los goles fueron anotados por Jefferson Farfán y por Christian Ramos. Ambos jugadores han marcado historia en el país. El llanto de la «Foquita» Farfán y la dedicatoria a Paolo Guerrero conmovieron a los hinchas que alentaban en la instalación, o desde sus casas y bares.

LAS CUATRO VECES QUE PERÚ CLASIFICÓ A UN MUNDIAL

México 70.

La selección de Perú participó en las eliminatorias con Argentina y Bolivia con la orientación del guía carioca Waldir Pereira, Comenzó con un gol de Perico León, un triunfo de 1-0 en Lima sobre Argentina el 3 de agosto de 1969. En la posterior semana cayó 2-1 ante Bolivia en La Paz, pero se cobró la revancha el 17 de agosto en Lima por 3-0. El 31 de agosto, Perú visitó en La Bombonera a Argentina, requería un empate para clasificar y descartar a su contrincante. Lo consiguió gracias a un histórico 2-2 con goles de Cachito Ramírez.

Argentina 78.

La selección blanquirroja entró en el Grupo 3 de Sudamérica junto a Ecuador y Chile. Marcos Calderón guio la labor de este equipo, comenzó el 20 de febrero de 1977 en Quito con un empate de 1-1 ante Ecuador. Otro empate continuó en Santiago ante Chile por 1-1 con gol de Juan José Muñante. En Lima, Perú goleó 4-0 a Ecuador y venció 2-0 a Chile el 26 de marzo con goles de Hugo Sotil y Juan Carlos Oblitas. Como primero del grupo, Perú fue a un triangular en Cali por dos cupos mundialistas ante Brasil y Bolivia. Quedó 1-0 ante Brasil, pero goleó 5-0 a Bolivia el 17 de julio de 1977 y así clasificó al Mundial de Argentina.

España 82.

La blanquirroja desafió a Colombia y Uruguay entre el 26 de julio y el 6 de setiembre de 1981. Niveló en Bogotá 1-1 con Colombia, venció 2-0 al mismo contrincante en Lima y consiguió una gran victoria de 2-1 sobre Uruguay en Montevideo (goles de Guillermo La Rosa y Julio César Uribe). Posteriormente, para clasificar a España 82, bastó empatar 0-0 ante Uruguay en Lima.

Rusia 2018.

Las eliminatorias se jugaron con el sistema todos contra todos. Después de contender 18 partidos, entre el 8 de octubre del 2015 y 10 de octubre del 2017, Perú permaneció en el quinto puesto tras vencer siete partidos, empatar 5 y caer 6. En el repechaje desafió a Nueva Zelanda con quien empató 0-0 en Wellington y en Lima venció 2-0.

CÓMO LE FUE EN LOS MUNDIALES

Perú participó en el Mundial de Uruguay 1930 sin necesidad de pasar por una etapa eliminatoria. En el debut perdió 3-1 ante Rumania y luego 1-0 ante el anfitrión Uruguay en Montevideo.

En México 70, Perú comenzó su campaña con dos triunfos sobre Bulgaria (3-2) y Marruecos (3-0). Luego, para cerrar la fase de grupos, cayó ante Alemania 3-1. En cuartos de final, perdió 4-2 ante Brasil. Perú acabó séptimo en este Mundial.

En Argentina 78, Perú acabó primero en el Grupo D tras vencer 3-1 a Escocia, 4-1 a Irán y empatar sin goles con Holanda. En la segunda fase, perdió sus tres partidos: 3-0 ante Brasil, 1-0 ante Polonia y 6-0 ante Argentina. Perú acabó octavo en este Mundial.

En España 82, Perú fue eliminado en la fase de grupos. Debutó con un empate sin goles ante Camerún; luego igualó 1-1 con Italia y se despidió con una goleada en contra de 5-1 ante Polonia.

CÓMO LLEGÓ A CLASIFICAR AL MUNDIAL RUSIA 2018

La selección blanquirroja avanzó progresivamente en las Eliminatorias Rusia 2018 y después de un repechaje asombroso, consiguió la clasificación al Mundial. Ricardo Gareca supo liderar al equipo con bastante paciencia, y la Copa América Centenario 2016 fue el punto de quiebre para convertir a la selección peruana en un equipo, con los más experimentados y los jóvenes más talentosos. La ola pesimista fue deshaciéndose en elogios y el estratega gaucho consiguió la hazaña y realizó el reto más difícil que no se podía cumplir desde hace más de tres décadas.

El proceso fue muy extenso y distintos técnicos han vuelto el camino en un *vía crucis*, acabando mal y plantando a la selección peruana en los últimos puestos. La apertura de la competición era la misma película para muchos, pero incluso fue peor, pues en las cuatro primeras presentaciones se consiguió solo 3 puntos. Perú desperdició dos oportunidades importantes de local ante Chile (perdiendo 3-4) y con Venezuela al dejar goles nivelados (2-2). Puntos definitivos que hoy ya no tiene sentido traer a colación, pues lo hecho, hecho está. Ante el apremio, Ricardo Gareca jamás se intimidó y dio la cara en los malos tiempos durante la reunión de prensa, conservando la cordura y la ilusión de que en cualquier momento las cosas iban a cambiar.

La blanquirroja consiguió resultados impensables, arrancando el encanto por más de una vez y abandonando las malas estadísticas que se amontonaron por muchos años. Vencer en Asunción a Paraguay, a Ecuador en Quito y empatar con Argentina en Buenos Aires, fueron puntos valiosos para subir colocaciones y ser parte de la competencia mundial.

Cuando la selección peruana empezó a luchar fieramente por vencer a Ecuador y Uruguay, se supo que los chicos de Ricardo Gareca sí creían que el sueño era viable. Los buenos resultados empezaron a restituir la seguridad y la ilusión a los más de 30 millones de peruanos que vivían habituados a las decepcionantes transmisiones televisivas por varias décadas.

Ricardo Gareca ha adicionado siete partidos sucesivos sin conocer el fracaso en partidos oficiales, sirviendo inteligentemente en la zona de repechaje y peleando hasta el final para conseguir el objetivo y destrozar la mala racha que duró 36 años. ¿El resultado? Perú ganó 2-0 a Nueva Zelanda y va al Mundial Rusia 2018.

A continuación se muestran todos los resultados de la selección peruana bajo la dirección de Ricardo Gareca para clasificar al Mundial Rusia 2018:

Colombia 2-0 Perú	08/10/2015
Perú 3-4 Chile	13/10/2015
Perú 1-0 Paraguay	13/11/2015
Brasil 3-0 Perú	17/11/2015
Perú 2-2 Venezuela	24/03/2016
Uruguay 1-0 Perú	29/03/2016
Bolivia 0-3 Perú	01/09/2016 (punto en mesa)
Perú 2-1 Ecuador	06/09/2016
Perú 2-2 Argentina	06/10/2016
Chile 2-1 Perú	11/10/2016
Paraguay 1-4 Perú	10/11/2016
Perú 0-2 Brasil	15/11/2016
Venezuela 2-2 Perú	23/03/2017
Perú 2-1 Uruguay	28/03/2017
Perú 2-1 Bolivia	31/08/2017
Ecuador 1-2 Perú	05/09/2017
Argentina 0-0 Perú	05/10/2017
Perú 1-1 Colombia	10/10/2017
Nueva Zelanda 0-0 Perú	10/11/2017
Perú 2-0 Nueva Zelanda	15/11/2017

CAPÍTULO II
¿CUÁL ES EL MEJOR HIMNO DEL MUNDIAL?

Las selecciones clasificadas, Perú y Francia, cantarán sus himnos nacionales antes de luchar por la victoria en la segunda fecha del Grupo C del Mundial de Rusia 2018, que caerá un jueves 21 de junio del 2018, a las nueve de la mañana (hora peruana). El partido tendrá lugar en el estadio Ekaterimburgo Arena de Rusia. Sobre los himnos se ha tejido una serie de controversias, porque se cree que hay un himno más bello, articulado y compuesto con mayor maestría, pero ¿cuál es la verdad del concurso de himnos?

Es de dominio popular escuchar que «La Marsellesa», himno nacional de Francia, es el mejor himno a nivel mundial, y que el himno de nuestra patria (depende de la patria a la que se pertenezca) es el segundo mejor, según un concurso internacional que se realizó con un jurado experto. Otras versiones de esta leyenda urbana ubican al himno de Rusia como el mejor del mundo; sin embargo, dicho concurso nunca existió. Se dice que todo se trata de un asunto pasional, y que, para cada país, el himno nacional de su país es el mejor; por ello, nunca habrá una apreciación objetiva que elija un himno que no sea de su patria. Aún así, presentamos los himnos de Francia y Rusia, porque iremos a Rusia y batallaremos con Francia.

«LA MARSELLESA», HIMNO DE FRANCIA

Desde el 14 de julio de 1795 es el himno nacional de Francia de modo oficial.

Primera estrofa:
Marchemos, hijos de la Patria,
¡ha llegado el día de gloria!

Contra nosotros, la tiranía
alza su sangriento estandarte. (bis)
¿Oís en los campos el bramido
de aquellos feroces soldados?
¡Vienen hasta vuestros mismos brazos
a degollar a vuestros hijos y esposas!

Estribillo:
¡A las armas, ciudadanos!
¡Formad vuestros batallones!
¡Marchemos, marchemos!
¡Que una sangre impura
inunde nuestros surcos!

Segunda estrofa:
¿Qué pretende esa horda de esclavos,
de traidores, de reyes conjurados?
¿Para quién esas viles cadenas,
esos grilletes de hace tiempo preparados? (bis)...

HIMNO DE RUSIA

El himno de Rusia, en un tiempo, no tenía letra, solo era instrumental; Putín restauró el himno soviético como himno nacional ruso, lo cual tuvo sus oponentes debido a las referencias del comunismo y Lenin, aunque solo quedara la música y no la letra; sin embargo, gran parte de la población estuvo de acuerdo.

Primera estrofa:
Rusia, nuestra patria sagrada,
Rusia, nuestro amado país.
Una poderosa voluntad, una gran gloria
¡Son tu herencia por toda la eternidad!

Estribillo:
¡Gloria a ti, nuestra patria libre,
eterna unión de pueblos hermanos!
¡La sabiduría popular dada por nuestros antepasados!
¡Gloria a la patria! ¡Estamos orgullosos de ti!

Desde los mares del sur hasta las regiones polares,
Se extienden nuestros bosques y campos.
¡Eres única en la faz! Eres inimitable,
protegida por Dios, tierra natal.

Segunda estrofa:

Un vasto espacio para soñar y vivir
nos abren los años futuros,
nos da fuerza la lealtad a la Patria.
¡Así fue, así es y así será siempre!

TODOS LOS HIMNOS DE LOS MUNDIALES

En la Copa del Mundo Rusia 2018, cada Selección hará gala de su himno. ¿De dónde viene esa tradición de unir música y fútbol? Todo empezó en el Mundial de Chile, allá por 1962, cuando Los Ramblers crearon una canción dedicada a un encuentro futbolístico: «El rock del musical». El tema se volvió un éxito rápidamente y, desde entonces, las sedes del Mundial usaron la misma fórmula para volver el torneo más espectacular. Estas fueron las sedes y sus respectivos cánticos.

«Rock del Mundial», Chile 1962: Desde la Copa del Mundo de Chile 1962, el torneo internacional de fútbol empezó a sumar canciones pegajosas a sus encuentros. En aquella ocasión, el «Rock del Mundial» sedujo a los asistentes, volviéndose en un himno inolvidable.

«Where in this world are we going», Inglaterra 1966: Los ingleses realizaron una llamativa balada, que fue interpretada por Loonie Donegan. Para ese Mundial, no solo destacó la canción, sino que por primera vez salió a animar una mascota: un león.

«Fútbol México 70», México 1970: Roberto Do Nascimento dio vida a una canción que se caracterizaba por su monotonía. Eso sí, destacaba por el clásico «A la bim bom bam» que caracteriza a los aztecas.

«Fußball ist unser Leben» (El fútbol es nuestra vida), Alemania 1974: Esta alegre canción fue interpretada por Werner Drexler y Jack, la cual introdujo artistas alemanes en el estribillo.

«La Marcha del Mundial», Argentina 1978: Enio Morricone fue el intérprete de esta canción. Se le recuerda al compositor italiano por sus creaciones para películas como «La misión» o «Cinema Paradiso», y no tanto por el himno de esta edición.

«El Mundial», España 1982: el país europeo pegó con su himno, cuya interpretación la realizó Plácido Domingo. El tenor le dio voz y vida e invitó al canto a millones de personas en todo España.

«La ola verde», México 1986: La Selección Nacional de México interpretó esta canción, la cual hace recordar a un pelotón militar que invita a unirse a México de 1986.

«Un verano italiano», Italia 1990: Se recuerda bastante este tema. Los italianos eligieron un tema más pausado, contraria a la costumbre, llamando al sentimiento italiano. La canción la interpretó Gianna Nannini y Edoardo Bennato.

«Gloria de la tierra», Estados Unidos 1994: Esta canción fue compuesta por Daryl Hall and Sounds Of Blackness. El tema introdujo recursos de marketing para pegar con estilo pop a los seguidores del torneo.

«La copa de la vida», Francia 1998: Ricky Martin apareció con una pegajosa canción que decía «go, go, go, ale, ale, ale», y a velocidad extrema se propagó en miles de radios de todo el mundo como si se tratara de un virus. El ritmo pop fue adorado por los chilenos, porque significó el regreso de «La Roja» a una Copa del Mundo, sin embargo, hoy por hoy han sido eliminados.

«¡Boom!», Japón y Corea 2002: La australiana Anastacia fue quien dio vida al Mundial de Corea-Japón 2002. Sin embargo, es tal vez, una de las más olvidadas en la historia de los mundiales.

«El tiempo de nuestras vidas», Alemania 2006: El cuarteto vocal «Il Divo» y la cantante norteamericana Toni Braxton prestaron sus gargantas locuaces para esta canción. A partir de esta intervención, los partidos empezaron a enfocarse más en el aspecto comercial.

«Esto es África», Sudáfrica 2010: La colombiana Shakira, vuelta rubia, saturó todas las radios con su peculiar voz que regalaba «Waka-Waka» por doquier.

«We are one» (Ole Ola), Brasil 2014: El estadounidense de origen cubano, Pitbull, y Jennifer López interpretaron esta canción y dieron mucho que hablar, posicionándose en los gustos del público. Fue la tercera vez que se trataba de intérpretes latinos.

«Comanda 2018», Canción Oficial FIFA Rusia 2018: Es un emotivo tema interpretado por Polina Gagarina, Egor Creed y Dj Smash; se trata de un ritmo bastante diferente al anterior, si nos referimos al «waka-waka» y al estilo de Pitbull. La canción aparece en ruso, parte de su letra dice lo siguiente: «Creemos y soñamos / estamos allí, donde nos esperábamos / donde hay siete vientos / un motivo en sus corazones / a través de las espinas para ir directamente al inicio. / Ir más arriba y más lejos, fácilmente y simplemente comenzaremos y solo ganaremos. / Si fallamos, entonces salimos otra vez. / Sabemos cuál es la verdad / tú eres nuestro equipo / y no pueden llegar más alto sin ti; / sin ti, nunca van a ganar (...)».

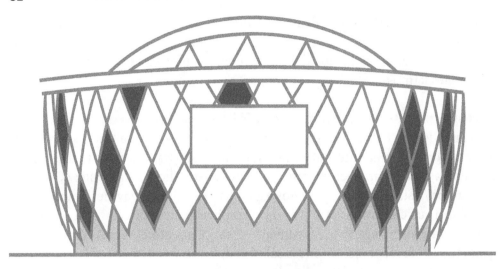

CAPÍTULO III
SEDES Y ESTADIOS

Un estadio mundialista es una denominación que se aplica a aquellos estadios que alguna vez han albergado o serán sede de un encuentro de la Copa Mundial de Fútbol de la FIFA. En total serán 12 los estadios que albergarán los 64 partidos del Mundial de Rusia 2018, el vigésimo primero de la historia. Para reducir las distancias, costos y tiempos de traslado de los equipos, se han escogido solo ciudades que se encuentran en la parte occidental del país, a excepción de Ekaterimburgo que se encuentra en Asia.

De los estadios escogidos para el Mundial, solo 2 estaban totalmente terminados al momento de la elección de Rusia como sede (año 2010). Muchos de estos recintos deportivos debieron ser remodelados para que pudieran albergar los partidos.

La tecnología de punta y construcciones hechas únicamente para la Copa del Mundo, son algunas de las características que presentan los escenarios deportivos pensado especialmente en los aficionados asistentes.

SEDES MUNDIALES DESDE 1930

Desde el año 1930, cada cuatro años, el Mundial de fútbol congrega a millones y millones de personas delante de la televisión, en los estadios, en los bares, en cada sitio donde se puedan seguir los partidos. No solo se celebra en el país que recibe la convocatoria mundialista, sino en todos y cada uno de los países partícipes del torneo se vive una fiesta a gran escala, con pantallas gigantescas en sitios representativos y todo lo que haga falta para vivir el Mundial. Estas son todas las sedes de los Mundiales, desde el año 1930 hasta el año 2018.

MUNDIAL 1930 - URUGUAY

El primer Mundial de fútbol de la historia se contendió en el año 1930, que tuvo como sede Uruguay, país que también sería el primer campeón del mundo de la historia, tras imponerse en la final a Argentina (4-2) en el estadio Centenario de Montevideo.

MUNDIAL 1934 - ITALIA

Tal como cuatro años antes Uruguay se hizo campeón, esta vez Italia lo logró; además de organizar el Mundial, en este caso el segundo de la historia. La Nazionale ganó a Checoslovaquia (2-1) con un gol de Angelo Schiavio en la prórroga.

MUNDIAL 1938 - FRANCIA

La selección italiana se quedaría nuevamente con el título mundial cuatro años después en Francia, dominando en la final con autoridad a Hungría (4-2) y volviéndose en el primer país en tener dos entorchados mundiales.

MUNDIAL 1942 Y 1946 - NO SE DISPUTÓ

La Segunda Guerra Mundial que se desplegó en estos años demandó que las citas anunciadas tanto para el año 1942 como para 1946 no se llegaran a contender.

MUNDIAL 1950 - BRASIL

El Mundial contendido en Brasil, en el año 1950, dejó una de las muestras futbolísticas más admirables de la historia de los Mundiales. Uruguay conseguiría su segundo galardón al imponerse a la Canarinha (2-1) en la final reñida en el estadio de Maracaná. El llamado «Maracanazo» todavía sigue siendo memorable para todos los aficionados al fútbol.

MUNDIAL 1954 - SUIZA

Alemania conseguiría su primer Mundial en el año 1954, una cita reñida en Suiza, y lo hizo imponiéndose a la Hungría de Ferenc Puskas en una gran remontada. Los húngaros emprendieron dominando 0-2 en los primeros diez minutos, pero Alemania consiguió darle la vuelta al marcador para acabar ganando 3-2.

MUNDIAL 1958 - SUECIA

En el año 1958, en Suecia, se daría el primer Mundial de Brasil, país con más entorchados en la historia. La Canarinha evitó que Suecia, país huésped, consiguiera proclamarse campeón del mundo, y además lo hizo con un resultado dominante: 5-2.

MUNDIAL 1962 - CHILE

Cuatro años más tarde, en Chile, Brasil ganaría su segunda estrella de campeón en el escudo, tras someter en la final a Checoslovaquia, que tendría que resignarse con un nuevo subcampeonato, que se suma al que consiguieron en el año 1934.

MUNDIAL 1966 - INGLATERRA

Inglaterra se volvería en otro de los países capaces de erigirse como campeón del mundo jugando en casa. Los «Tres Leones» ganarían en una vibrante final a Alemania en la prórroga (4-2) que se desarrolló en el gran escenario Wembley.

MUNDIAL 1970 - MÉXICO

En el año 1970, en el Mundial reñido en México, Brasil sería reiteradamente campeón, sumando tres entorchados mundiales en las últimas cuatro citas contendidas. En la final, desarrollada en el estadio Azteca, la Canarinha pasó por arriba de Italia con un 4-1 sin atenuantes. El Brasil del setenta siempre será considerado uno de los mejores equipos de la historia.

MUNDIAL 1974 - ALEMANIA

Alemania acogería el Mundial del año 1974 y sería testigo de cómo su país se volvería en campeón del mundo por segunda vez en su historia al ganar a la Holanda de Johan Cruyff por 2-1, en un encontronazo reñido en el Olímpico de Múnich.

MUNDIAL 1978 - ARGENTINA

Argentina seguiría cuatro años más tarde los pasos de Alemania, primero volviéndose en campeona del mundo en su casa, y luego volviendo a dejar a Holanda muy cerca en la final (3-1). El Monumental se cubrió de Albiceleste.

MUNDIAL 1982 - ESPAÑA

España, en el año 1982, sería testigo de cómo Italia se pregonaría campeón del mundo por tercera vez en su historia. La Nazionale ganaría 3-1 a Alemania en una final que se riñó en Madrid, en el estadio Santiago Bernabéu.

MUNDIAL 1986 - MÉXICO

México vivió el Mundial de Diego Armando Maradona, Argentina sería campeona del mundo tras triunfar en una gran final con Alemania (3-2). El «10» no marcó en la final, pero su torneo fue simplemente extraordinario, sobre todo su partido ante Inglaterra, que dejó goles históricos.

MUNDIAL 1990 - ITALIA

Cuatro años más tarde Alemania se iría a la revancha contra Argentina, repitiendo una final que se llevaría la Mannschaft, por la mínima (1-0), para encumbrarse campeón del mundo por tercera vez en su historia. El único gol de Andreas Brehme sirvió para que, en el Olímpico de Roma, Alemania ganara nuevamente.

MUNDIAL 1994 - ESTADOS UNIDOS

Estados Unidos hospedó por primera vez un encuentro mundialista que sirvió para comenzar a poner las bases para que el «soccer» empezara a ser seguido por los yankees. Brasil sería campeón del mundo por cuarta vez en su historia tras vencer a Italia en la tanda de penaltis. Roberto Baggio, con su penalti a las nubes, nos concedería otra de las imágenes más recordadas de la historia de los Mundiales.

MUNDIAL 1998 - FRANCIA

La Francia de Zinedine Zidane se volvería campeón del mundo por primera vez en su historia, tras luchar en el torneo, en el que además actuaban de local al ser sede. En la final, reñida en el Stade de France, Les Bleus venció a Brasil (3-0).

MUNDIAL 2002 - COREA DEL SUR Y JAPÓN

El primer Mundial reñido en suelo asiático coronó campeón a Brasil, reiteradamente, rindiendo a Alemania (2-0), el dúo que más finales ha disputado en la historia de los Mundiales. Ronaldo, que fue triste protagonista en la final de 1998, se corregiría con un doblete que sumaría para que la Canarinha se convirtiera en pentacampeona en el estadio de Yokohama.

MUNDIAL 2006 - ALEMANIA

Alemania hospedaría cuatro años después un Mundial que quedaría en la historia por dos acontecimientos: el triunfo de Italia y la retirada internacional de Zinedine Zidane, que sería expulsado en la final tras propinar un cabezazo a Marco Materazzi. La Nazionale sería tetracampeona del mundo tras ganarle a les Bleus en la tanda de penaltis.

MUNDIAL 2010 - SUDÁFRICA

Sudáfrica viviría el fútbol total de la selección española, que se declararía campeona del mundo por primera vez en su historia, tras destruir con su «tiki-taka». Con un juego de toque que deslumbró al mundo entero, La Roja dominó en la prórroga de la final, reñida en el Soccer City de Johannesburgo, a Holanda con un gol de Andrés Iniesta, hecho inolvidable en el fútbol.

MUNDIAL 2014 - BRASIL

Nuevamente Alemania en una última etapa. Ahora para asumirse campeona del mundo en el Maracaná por cuarta vez en su línea histórica al vencer a Argentina, nuevamente, con un gol en la prórroga de Mario Götze. Lionel Messi, en una final moderada, desperdiciaría una ocasión de oro para encumbrar al Mundial.

MUNDIAL 2018 - RUSIA

Es la edición número 21 de la Copa Mundial de Fútbol, y esta vez se efectuará en Rusia; empezará el 14 de junio y finalizará el 15 de julio de 2018. Es la primera ocasión que un país de Europa Oriental administra el campeonato.

 # ELECCIÓN DEL PAÍS ANFITRIÓN

La FIFA resolvió que la elección de la sede de la Copa Mundial de Fútbol de 2018 se desarrollara en conjunto con la de 2022 en la reunión del Comité Ejecutivo del organismo, realizado en Zúrich (Suiza) el 2 de diciembre de 2010.

Conforme al sistema de rotación continental realizado por la FIFA, las asociaciones miembro o asociadas a la CAF y la Conmebol se hallaban imposibilitadas para participar de esta candidatura. Por ende, Rusia presentó su candidatura autorizadamente junto a las de Japón, Corea del Sur, Australia, Bélgica-Países Bajos, Inglaterra, España-Portugal, Estados Unidos y Qatar. Posteriormente, Australia, Japón, Corea del Sur, Qatar y Estados Unidos se aislaron algunos meses antes de la decisión para concentrarse en la votación de 2022.

En la primera ronda, Inglaterra logró dos votos, Países Bajos-Bélgica consiguió cuatro, España-Portugal llegó a los siete y Rusia se encumbró con nueve. Al no lograr ninguno la suma necesaria de doce, Inglaterra fue excluido por ser el candidato con menos apoyo y fue forzosa una segunda ronda. Aquí Rusia obtuvo trece sobre los siete que recibió la dupla ibérica y los dos que recogió la candidatura Bélgica-Países Bajos.

Después de la elección, Vladímir Putin, el entonces primer ministro ruso, afirmó que «Rusia 2018 será fantástico» y programó la construcción de nuevos estadios y la presencia de los más altos procedimientos de calidad. Por su parte, Blatter efectuó el viaje protocolar al país escogido y afirmó que «se originará una cooperación maravillosa entre la FIFA y Rusia».

ORGANIZACIÓN

En la organización del torneo resultó a cargo del Comité Organizador Local (COL) de Rusia 2018, tutelado por el ministro ruso de deportes Vitali Mutkó. El consejo de administración, que se desprende del COL, muestra como presidente a Vladímir Putin, entonces primer ministro ruso y a Igor Shuvalov, vice primer ministro ruso, como vicepresidente. Por su parte, Alexey Sorokin auspicia de Consejero Delegado del Comité Organizador.

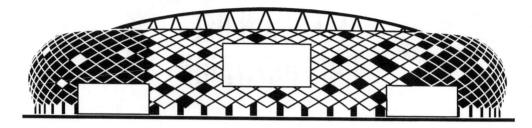

ESTADIOS

Para el Mundial 2018, doce estadios en once ciudades fueron confirmados por Rusia, sede de la Copa Mundial 2018: Kaliningrado, Sochi, Moscú, Kazán, Nizhni, Nóvgorod, Ekaterimburgo, Rostov del Don, San Petersburgo, Samara, Saransk y Volgogrado, los cuales acogerán los 64 partidos para la aguerrida competencia.

Solo dos estadios estaban totalmente terminados al momento de su elección como sede, estos se remodelaron para que se dé paso a la disputa por la Copa 2018 con hermosos acabados y óptimo funcionamiento, además de asombrosos diseños.

Con el fin de acortar las distancias, los tiempos y los costos de transporte de los equipos, se eligieron solo ciudades que se encuentran en la parte europea del país (la más poblada en densidad y avanzada), a excepción de Ekaterimburgo, que se halla en Asia, al este de los Montes Urales.

EL LEGENDARIO ESTADIO OLÍMPICO LUZHNIKÍ

Popular en la época de la Unión Soviética con el nombre de estadio «Central Lenin», el Gran Estadio Deportivo del Complejo Olímpico Luzhnikí, es un recinto de Moscú, capital de Rusia. Su aforo total es de 89 318 butacas, todas ellas cubiertas. El estadio se halla localizado en el barrio de Luzhnikí, al sudoeste del Kremlin.

El nombre Luzhnikí proviene de los prados inundables en la curva del río Moscova, donde se edificó el estadio, que se traduce como «Los prados».

El estadio se usa habitualmente para competencias de fútbol, particularmente del Spartak de Moscú. En este estadio se desarrollaron las ceremonias de inauguración y de clausura, así como los torneos de atletismo de los Juegos Olímpicos de 1980. El estadio también se usa de vez en cuando para otros programas deportivos y para conciertos.

A nivel estético, posee una gran cantidad de columnas en su exterior, que le dan más un aire de gran auditorio que de campo de fútbol, y, una vez dentro, se extiende a lo largo, no hacia arriba, tomando forma de plato. Debido a las duras situaciones climatológicas del país, en el estadio se juega sobre césped artificial, ya que, durante el invierno, el pasto quedaba dañado, dejando el campo infranqueable.

Albergará siete partidos del Mundial, entre ellos el inaugural y la gran final del 15 de julio.

- 14 de junio, 2018 - Primera fase: Rusia vs Arabia Saudita
- 17 de junio, 2018 - Primera fase: Alemania vs México
- 20 de junio, 2018 - Primera fase: Portugal vs Marruecos
- 26 de junio, 2018 - Primera fase: Dinamarca vs Francia
- 1 de julio, 2018 - Octavos de Final
- 11 de julio, 2018 - Semifinal
- 15 de julio, 2018 - Final

ESTADIO OTKRYTIE ARENA: LA GUARIDA DEL SPARTAK DE MOSCÚ

El Otkrytie Arena tiene la popular denominación de «Spartak», es un estadio de balompié de Rusia, posesión del Spartak de Moscú. El estadio fue fundado en septiembre de 2014, y cuenta con una capacidad general de 44 000 espectadores sentados. Para la Copa Mundial de Fútbol de 2018 comprenderá una capacidad de 60 000 espectadores.

Ya albergó tres partidos de la Copa de las Confederaciones 2017, y en este local se rivalizarán cuatro partidos de la primera fase y uno de octavos de final.

- 16 de junio, 2018 - Primera fase : Argentina vs Islandia
- 19 de junio, 2018 - Primera fase: Polonia vs Senegal
- 23 de junio, 2018 - Primera fase: Bélgica vs Túnez
- 27 de junio, 2018 - Primera fase: Serbia vs Brasil
- 3 de julio, 2018 - Octavos de final

ESTADIO DE KALININGRADO

El Estadio de Kaliningrado es también distinguido como Arena Baltika. Arena Baltika se halla a solo 45 kilómetros del límite con Polonia (Voivodato de Varmia y Masuria), lo que lo convierte en el estadio de la Copa Mundial de Fútbol de 2018 que está situado más cerca de la Unión Europea y el Espacio de Schengen, con una capacidad de 35 000 personas.

Kaliningrado es un territorio ruso en el interior de la zona de la Unión Europea, entre Polonia y Lituania, que llega al mar Báltico; popular en el pasado por su nombre alemán «Konigsberg», la ciudad originaria del filósofo Emmanuel Kant, que pasó a poder ruso después de la II Guerra Mundial.

Partidos que albergará:

- 16 de junio, 2018 - Primera fase: Croacia vs Nigeria
- 22 de junio, 2018 - Primera fase: Serbia vs Suiza
- 25 de junio, 2018 - Primera fase: España vs Marruecos
- 28 de junio, 2018 - Primera fase: Inglaterra vs Bélgica

KAZÁN ARENA: LA JOYA TÁRTARA

Ubicado en la ciudad de Kazán, el Estadio Kazán Arena es un estadio de fútbol con una aforo total de 45 379 asistentes en butacas. Capital de la República

musulmana de Tartaristán, Kazán quiere volverse en un valioso lugar del deporte internacional por medio de la Copa de las Confederaciones y luego con la Copa del Mundo. Es terrenal de juego del Rubin Kazán, dos veces campeón de Rusia, fue fundado en 2013 con ocasión de los Juegos Universitarios de Verano y en él se realizaron los campeonatos del mundo de natación en 2015.

Partidos que albergará:

- 16 de junio, 2018 - Primera fase: Francia vs Australia
- 20 de junio, 2018 - Primera fase: Irán vs España
- 24 de junio, 2018 - Primera fase: Polonia vs Colombia
- 27 de junio, 2018 - Primera fase: Corea del Sur vs Alemania
- 30 de junio, 2018 - Octavos de final: C1 vs D2
- 6 de julio, 2018 - Cuartos de final: W53 vs W54

ESTADIO DE NIZHNI NÓVGOROD: LA VIEJA CIUDAD PROHIBIDA

En el período soviético, Nizhni Novgorod —en aquel tiempo llamada Gorki en honor a su ciudadano más célebre, el escritor Máximo Gorki— era una ciudad militarizada «cerrada» en la que los forasteros no tenían el acceso autorizado.

Luego de recobrar su viejo nombre, busca dejar atrás su pasado industrial y soviético. Se colocó el césped en julio y los trabajos fueron acabados en diciembre. Para el Mundial 2018 el estadio tendrá una cabida de 55 300 espectadores, pero esta capacidad se conseguirá a través de gradas telescópicas, y tras la Copa del Mundo la capacidad del estadio se disminuirá a 25 000 espacios.

Partidos que albergará:

- 18 de junio, 2018 - Primera fase: Suecia vs Corea del Sur.
- 21 de junio, 2018 - Primera fase: Argentina vs Croacia
- 24 de junio, 2018 - Primera fase: Inglaterra vs Panamá
- 27 de junio, 2018 - Primera fase: Suiza vs Costa Rica
- 1 de julio, 2018 - Octavos de final: D1 vs C2
- 6 de julio, 2018 - Cuartos de final: W49 vs W50

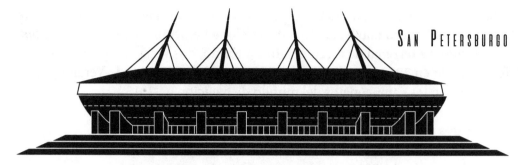

San Petersburgo

ESTADIO COSMOS ARENA: EN LA RIBERA DEL VOLGA

El Cosmos Arena, también denominado Samara Arena, tiene una capacidad de 45 500 espectadores y para el Mundial de 2018 tendrá una cabida de 63 000 personas del público espectador.

El estadio de Samara, una ciudad ubicada en la rivera del Volga, fue edificada por un total estimado en 300 millones de dólares, empezó en 2014. Las autoridades afirmaron que estaría terminado a tiempo para el Mundial, pese al aumento de los costos.

Partidos que albergará:

- 17 de junio, 2018 - Primera fase: Costa Rica vs Serbia
- 21 de junio, 2018 - Primera fase: Dinamarca vs Australia
- 25 de junio, 2018 - Primera fase: Uruguay vs Rusia
- 28 de junio, 2018 - Primera fase: Senegal vs Colombia
- 2 de julio, 2018 - Octavos de final: E1 vs F2
- 7 de julio, 2018 - Cuartos de final: W55 vs W56

ESTADIO VOLGOGRADO ARENA: STALINGRADO

Volgogrado, antigua Stalingrado, fue centro de la batalla más ensangrentada de la II Guerra Mundial, preámbulo de la derrota de la Alemania nazi. Este estadio tiene una cabida de 45 000 localidades.

El primordial atractivo estético de la arquitectura del Volgogrado Arena es el techo templado más grande de Rusia, que será similar a una llanta de bicicleta innovada con sogas de acero de alto aguante. La forma coniforme y en caída de la fachada garantizará la colocación más compacta del estadio en una zona histórica. Los colores de las lonas del anillo del techo son blancos y azules, en honor a los colores del Rotor Volgogrado, el club más significativo de la ciudad. Partidos que albergará:

- 18 de junio de 2018 - Primera fase: Túnez vs Inglaterra
- 22 de junio de 2018 - Primera fase: Nigeria vs Islandia
- 25 de junio de 2018 - Primera fase: Arabia Saudita vs Egipto
- 28 de junio de 2018 - Primera fase: Japón vs Polonia

ESTADIO DE SAN PETERSBURGO: PURO ESCÁNDALO

La edificación del estadio empezó en 2007 pero el proyecto fue muchas veces rectificado, lo que disparó el presupuesto, excediendo los 672 millones de euros, según los medios rusos.

Ya fue sede de la Copa de las Confederaciones, pero poco después de ser inaugurado, y, a pocos días de comenzar ese torneo, se tuvo que trasplantar el césped por reconocer que el anterior era quebradizo y estaba maltratado. En los pasajes pueden verse aún subestructuras eléctricas precarias y parece que están en obras siempre.

Será escenario de siete encuentros, entre ellos una de las semifinales y el partido por el tercer puesto:

- 15 de junio, 2018 - Primera fase: Marruecos vs Irán
- 19 de junio, 2018 - Primera fase: Rusia vs Egipto
- 22 de junio, 2018 - Primera fase: Brasil vs Costa Rica
- 26 de junio, 2018 - Primera fase: Nigeria vs Argentina
- 3 de julio, 2018 - Octavos de final
- 10 de julio, 2018 - Semifinal
- 14 de julio, 2018 - Tercer puesto

ESTADIO MORDOVIA ARENA

La ciudad de Saransk, en Mordovia, es conocida en el extranjero, más aún en Francia, por ser la morada oficial del actor francés Gerard Depardieu, quien se nacionalizó ruso en 2013 luego de abandonar Francia como reprobación por creer que sus impuestos son exagerados. En Rusia, esta ciudad de 300 000 habitantes es célebre por sus muchas cárceles. Saransk confía en que el Mundial y su nuevo estadio le permitan cambiar su imagen.

El estadio cuenta con césped de hierba natural y en total tiene una cabida de unos 30 000 espectadores. La fachada del estadio será de los colores de la Bandera de Mordovia.

Durante su celebración se ha planeado que con la construcción de estructuras prefabricadas, que se emplearán como gradas, la capacidad de aforo del estadio se quedará en un total de 45 100 espectadores, pero solo durante la competencia de los partidos de FIFA.

Partidos que albergará:

- 16 de junio, 2018 - Primera fase: Perú vs Dinamarca
- 19 de junio, 2018 - Primera fase: Colombia vs Japón
- 25 de junio, 2018 - Primera fase: Irán vs Portugal
- 28 de junio, 2018 - Primera fase: Panamá vs Túnez

ESTADIO ROSTOV ARENA: CERCA A UCRANIA

Rostov del Don está situado justo a 60 kilómetros de la frontera con el este de Ucrania, donde un conflicto entre rebeldes pro rusos y fuerzas de Kiev ha producido más de 10 000 fallecidos desde 2014.

A pesar de la proximidad con la guerra, la ciudad quiere centrarse en el fútbol. El estadio contará con una cabida total de 43 702 espectadores sentados. Partidos que albergará:

- 17 de junio, 2018 - Primera fase: Brasil vs Suiza
- 20 de junio, 2018 - Primera fase: Uruguay vs Arabia Saudita
- 23 de junio, 2018 - Primera fase: Corea del Sur vs México
- 26 de junio, 2018 - Primera fase: Islandia vs Croacia
- 2 de julio, 2018 - Octavos de final: G1 vs H2

ESTADIO OLÍMPICO DE SOCHI

Situado en la estación-balneario de Sochi, al borde del Mar Negro y a los pies de las montañas del Cáucaso, el estadio Fisht se dio a conocer a nivel global con las ceremonias de apertura y de clausura de los Juegos Olímpicos de Invierno 2014. Su nombre «Fisht» proviene del Monte Fisht. Posteriormente fue adaptado para partidos de fútbol y reabrió sus puertas en marzo de 2017 para un partido Rusia-Bélgica.

El estadio, con una cabida de 47 659 espectadores sentados, tiene paredes y el techo del estadio de una superficie de vidrio continuo diseñado para irradiar la luz solar frente al mar durante el día. El cuenco se abre hacia el norte, lo que admite una visión directa de las montañas.

Partidos que albergará:

- 15 de junio, 2018 - Primera fase: Portugal vs España
- 18 de junio, 2018 - Primera fase: Belgica vs Panamá
- 23 de junio, 2018 - Primera fase: Alemania vs Suecia
- 26 de junio, 2018 - Primera fase: Australia vs Perú
- 30 de junio, 2018 - Octavos de final : A1 - B2
- 7 de julio, 2018 - Cuartos de final: W51 - W52

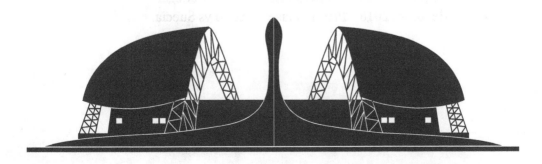

ESTADIO CENTRAL (EKATERIMBURGO)

El Estadio Central fue edificado en 1957. El estadio ha alojado miles de eventos deportivos y de recreación. En los primeros años posteriormente a su inauguración, el estadio se convirtió en uno de los escenarios más significativos del mundo de patinaje de velocidad.

Como el estadio fue designado como una de las sedes de la Copa Mundial de la FIFA 2018, se levantaron gradas transitorias que ocupaban hasta fuera del perímetro original del estadio para cumplir con el requisito de asientos de la FIFA de 35 000 asistentes.

El estadio suministrará tres tipos de asientos, con lugares especiales para personas con discapacidades y sectores para los seguidores. En las plataformas este y oeste, el 30% de los asientos se situarán bajo un dosel. Los sistemas de seguridad, vigilancia, telecomunicaciones, alimentación de video y experiencia de audio admitirán altos niveles de servicio y seguridad en el estadio.

Además, está previsto suministrar ocho casetas para comentaristas deportivos de radio y televisión; será un centro de prensa, un espacio para periodistas que cubran el Mundial.

En el estadio, se planea edificar un gimnasio, un centro de Valeología (la ciencia del estilo de vida saludable), y un sistema organizado de puntos de venta de comida rápida para servir a la audiencia; también habrá un restaurante con 200-300 asientos. Además, se montará un hotel.

Partidos que albergará:

- 15 de junio, 2018 - Primera fase: Egipto vs Uruguay
- 21 de Junio, 2018 - Primera Fase: Francia vs Perú
- 24 de junio, 2018 - Primera fase: Japón vs Senegal
- 27 de junio, 2018 - Primera fase: México vs Suecia.

CAPÍTULO IV
DATOS CURIOSOS

¿Quién es el mejor goleador? ¿Qué selección suma más mundiales de forma sucesiva? ¿Qué jugador tiene más Campeonatos del Mundo? Hay muchas curiosidades que tiene el espectador y que todo seguidor del Mundial debería saber para su cultura futbolística.

1. Todas las Copas del Mundo las han obtenido países de Europa (11) o Sudamérica (9).
2. 32 países se disputarán en la Copa del Mundo 2018, con Islandia y Panamá, selecciones que debutan en esta competición. Eslovaquia fue la última debutante en superar la etapa de grupos.
3. Perú, uno de los países que jugó en la edición inaugural (1930), jugará su primer Mundial desde 1982.
4. Solo cuatro veces una selección venció el 100% de sus partidos en un Mundial: Uruguay (4/4 en 1930), Italia (4/4 en 1938) y Brasil (6/6 en 1970 y 7/7 en 2002).
5. Este será el vigésimo primer Mundial FIFA. Se celebra 88 años después del torneo inicial en Uruguay (1930) y, por primera vez, se contenderá en Rusia.
6. Alemania tratará de ser la primera selección en ganar dos Mundiales consecutivos desde que Brasil lo lograra en 1962. Solo la «Canarinha» (5) ha tenido la Copa más veces que Alemania (4).
7. Paolo Guerrero y Edison Flores fueron los máximos anotadores de la selección peruana en las Eliminatorias Conmebol con cinco goles cada uno.
8. Descontado en Sudáfrica (2010), todos los anfitriones en los Mundiales consiguieron la segunda ronda. De hecho, en el 30% de los casos (6 de 20) el local fue ganador (el último, Francia, en 1998).

9. Suiza es el único país que consiguió conservar su arco invicto a lo largo de una Copa del Mundo. Fue en 2006 (cuatro partidos y cero goles realizados).
10. Portugal tratará de ser la cuarta selección en ganar de modo sucesivo la Euro y el Mundial (en cualquier orden). Lo han conseguido: Alemania Occidental (Euro'72, Mundial'74), Francia (Mundial'98, Euro'00) y España (Euro '08, Mundial '10 y Euro '12)
11. El Mundial se reñirá en 12 estadios, distribuidos en 11 ciudades. Moscú es la única con dos sedes (Luzhniki y Spartak).
12. Brasil ha ganado la Copa del Mundo más veces que cualquier otra selección, reteniendo el trofeo en el 25% de las competencias mundiales (5/20). También es el único país que ha reñido todas las ediciones del certamen.
13. En la fase de grupos los últimos dos campeones vigentes de la Copa del Mundo fueron eliminados: Italia en 2010 y España en 2014.
14. Cinco de los últimos ocho goles de Corea del Sur en los Mundiales fueron anotados desde fuera del área. Además, 12 de sus últimos 13 goles fueron anotados en las segundas partes.
15. Japón ha sido primero de su grupo en una sola ocasión: como local, en 2002.
16. Para Aliou Cissé será el segundo torneo como entrenador, luego de llegar a cuartos en la Copa de África 2017. Como jugador, fue el capitán de Senegal en la única intervención de su país en un Mundial (2002).
17. Tim Cahill ha logrado anotar 5 de los 11 goles de Australia en Copas del Mundo (45%). Asimismo, es uno de los nueve participantes que ha goleado en los tres últimos Mundiales.
18. El seleccionador de Rusia, Stanislav Cherchesov, jugó un partido con su selección en EE.UU (1994). Fue en la victoria 6-1 ante Camerún. En ese choque, Oleg Salenko anotó cinco goles, récord en un partido del Mundial.
19. Arabia Saudí ha expulsado a dos entrenadores desde que se clasificó para el Mundial: Bert van Marwijk y Edgardo Bauza.
20. A partir del logro de su título en 1966, Inglaterra ha alcanzado semifinales en una ocasión (1990, cuarto puesto) y ha sido el primero en su grupo solo en una de sus cinco últimas participaciones (2006).

21. Irán se ha clasificado para dos Copas del Mundo sucesivas por primera vez en su historia. Nunca pudo superar la fase de grupos, triunfando solo en uno de sus 12 partidos en el Mundial (3E 8D): ante EE.UU. en 1998 (2-1).
22. Brasil (21) ha contendido más Copas del Mundo que Alemania (19), siendo esta su decimoséptima sucesiva.
23. Ninguno de los últimos 14 partidos de España en la Copa del Mundo acabó en empate (10 victorias y cuatro derrotas).

24. Francia se ha clasificado para su decimoquinto Mundial. Es su sexta participación sucesiva, su mejor período en la historia.
25. Por decimotercera vez Bélgica se ha clasificado para la Copa del Mundo, siendo el país europeo con más intervenciones fuera del top 5 (Alemania, Italia, España, Inglaterra y Francia).
26. Polonia ha logrado clasificar para su octava Copa del Mundo, la primera desde 2006.
27. Se han visto cinco expulsiones en los últimos cuatro encuentros de Croacia en Mundiales (3 rojas para Croacia, 2 para sus rivales).
28. En ninguna de sus dos últimas Copas del Mundo (2006 y 2010) Serbia ha logrado superar la fase de grupos, cayendo cinco de los seis encontronazos. Su única victoria fue ante Alemania en 2010 (1-0).
29. Desde que alcanzó a la final en 1958 como anfitrión, Suecia ha superado la segunda ronda en una sola ocasión: en EE.UU., año 1994, cuando ultimó la tercera.
30. Para *Vladimir Petković* será la segunda competencia significativa como entrenador de Suiza, tras haber quedado invicto en la Euro 2016 (1 victoria y tres empates, eliminados por penaltis).
31. Portugal ha caído solo en uno de sus últimos nueve partidos de fase de grupos en Mundiales (0-4 contra Alemania en 2014), triunfando en cinco y empatando los tres siguientes.
32. Luego de tomar las riendas de Brasil en junio de 2016, será el primer Mundial para Tite. En la fase de clasificación para Rusia, consiguió 41 puntos (12V 5E 1D), el mejor registro de la Conmebol desde los 43 puntos de Argentina para el Mundial 2002.

33. A partir de 1978, solo Alemania (5) ha alcanzado la final en más Mundiales que Argentina (4).

34. Dinamarca ha conseguido superar la fase de grupos en tres de sus anteriores cuatro participaciones en Mundiales, pero nunca ha pasado los cuartos de final (conquistó esta fase en 1998).
35. El participante que anotó más goles (4) fue Gylfi Sigurdsson y contendió más partidos (10, igual que Birkir Saevarsson y Ragnar Sigurdsson) para Islandia en las Clasificatorias a Rusia 2018.
36. Nigeria ha vencido solo uno de sus últimos 12 partidos en Copas del Mundo (3E 8D): fue ante Bosnia-Herzegovina, en 2014 (1-0)
37. El primer campeón de un Mundial (1930) fue Uruguay y también alzó el trofeo en su segunda participación, en 1950; pero solo ha logrado superar los octavos de final en una de sus últimas seis participaciones (4º puesto, Sudáfrica 2010).
38. De los 18 choques que Colombia ha contendido en Mundiales no hay alguno que haya acabado sin tantos. Es más, únicamente EE.UU. (33) y Austria (29) han jugado más partidos en Copas del Mundo sin quedar 0-0.

39. Ni uno de los 12 goles de Marruecos en Mundiales ha llegado en una jugada a balón parado.
40. Después de imponerse ante Nueva Zelanda en la repesca, Perú se ha clasificado para su quinta Copa del Mundo.
41. Por 16ª vez México se ha clasificado para la Copa del Mundo. Solo Brasil, Alemania, Italia y Argentina han peleado más veces en el torneo.
42. Italia no consiguió clasificarse al Mundial por primera vez desde 1958, siendo el único de los ocho países campeones del mundo que no se hallará presente en Rusia.
43. La selección que más veces se ha clasificado para la Copa del Mundo sin haberla obtenido es México (16 participaciones).
44. Los 27 goles de Dinamarca en Copas del Mundo han sido metidos desde dentro del área.
45. 11 de los 62 partidos de Inglaterra en Mundiales finalizaron 0-0, más que cualquier otra selección en la historia de los campeonatos del mundo.
46. La selección con más expulsiones (11) en la historia de los Mundiales es Brasil. El pódium lo componen también Argentina (10) y Uruguay (9).

47. La máxima cifra de goles en una Copa del Mundo es 171 (en 1998 y 2014), mientras que el mínimo en torneos de 64 partidos es 145 (en 2010).
48. El máximo de goles en un partido de Copa del Mundo se dio el 26 de junio de 1954: Austria ganó a Suiza 7-5.
49. Alemania fue la selección que más goles marcó en las últimas tres Copas del Mundo (14, en 2006; 16, en 2010; y 18, en 2014).
50. Thomas Müller tiene el récord de asistencias en Mundiales entre los futbolistas vigentes (6). Efectivamente, solo Maradona (8), Grzegorz Lato y Pierre Littbarski (7) han conseguido más asistencias que él desde 1966.
51. Croacia en sus últimas tres intervenciones en Copas del Mundo ha perdido el primer partido: las dos últimas fueron ante Brasil (2006 y 2014).
52. Just Fontaine (Francia) conserva el récord de goles anotados en un Mundial (13, en 1958), mientras que el ruso Oleg Salenko es el competidor que más puntuaciones ha hecho en un mismo partido: cinco goles ante Camerún, el 28 de junio de 1994.
53. Thomas Müller es el máximo goleador de los Mundiales entre los jugadores actuales, con 10 metidas al arco (5 en cada uno de los últimos dos torneos) y está a 6 goles del máximo anotador histórico, su paisano Miroslav Klose (16).
54. El equipo nunca consiguió superar la fase de grupos en una Copa del Mundo (1994, 2002, 2014) jugando como Rusia (no URSS), finalizando en la tercera posición de su grupo en las tres ediciones.
55. El seleccionador de Uruguay, Óscar Tabárez, estará en su cuarta Copa del Mundo, más que cualquier otro DT de los que estarán en Rusia 2018. En los mundiales ha obtenido seis triunfos, tres empates y seis derrotas.
56. La única selección UEFA que venció todos sus partidos en la etapa de la clasificación fue Alemania, y tuvo la mejor diferencia de goles (+39).
57. El último jugador en conseguir a la decena de goles en un Mundial fue Gerd Müller, en 1970 (10 goles); desde allí, el máximo ocurrió en 2002 (Ronaldo, 8).
58. Miroslav Klose, Pelé y Uwe Seeler han apuntado en cuatro Mundiales. Tim Cahill, Rafael Márquez, Cristiano Ronaldo y David Villa son los únicos jugadores que podrían equiparar esta marca en Rusia.
59. Helmut Schön es el instructor con más partidos presididos en la tradición de los Mundiales, 25, todos con Alemania.

60. El mexicano Antonio Carbajal y el alemán Lothar Matthäus han participado en más Copas del Mundo (5) que cualquier otro jugador. Solo Rafael Márquez podría llegar a igualarlos en Rusia.
61. Todas las Copas del Mundo fueron ganadas por un entrenador de la misma nacionalidad que su selección.
62. Francia se ha clasificado para su 15º Mundial, siendo esta su sexta intervención de manera sucesiva; marca así su dominante período en la tradición.
63. Inglaterra contenderá su 15ª Copa del Mundo, siendo esta su sexta intervención continuada. Empata su mejor período en la competición: seis entre 1950 y 1970.
64. El técnico catalán Roberto Martínez logró llevar a Bélgica a la Copa del Mundo que se reñirá el próximo en Rusia. «Los Diablos Rojos» se convirtieron en la primera selección europea (excluyendo al anfitrión) en obtener la clasificación.
65. El equipo que menos goles recibió en la etapa de clasificación de las selecciones UEFA (tres goles en 10 batallas, igual que Inglaterra) fue España, y también fue uno de los cuatro invictos (9V 1E), junto a Bélgica, Alemania e Inglaterra.
66. Incluyendo los registros de Yugoslavia, Serbia y Montenegro, esta será la 12ª Copa del Mundo para Serbia, pero es apenas su segunda intervención como país independiente (a partir de 2010).
67. Suecia conservó su portería invicta en solo tres de sus últimos 24 partidos en Mundiales.
68. El jugador Cristiano Ronaldo fue el que puso directamente más goles (18) en la etapa de la clasificación de las selecciones UEFA: 15 goles y tres asistencias.
69. Suiza logró los cuartos de final de una Copa del Mundo por última vez en 1954, cuando fue local. A partir de aquel tiempo, nunca pasó la segunda ronda.
70. Polonia ha perdido seis de sus últimos ocho partidos en Mundiales (2V), sin apuntar gol en ninguno de esos vencimientos. A su vez, recibió al menos un gol en cada uno de esos ocho encontrones (conservó su meta invicta por última vez en un Mundial en 1986).
71. Islandia es el país con población más pequeña en estar en una Copa del Mundo, tenía 334 000 pobladores cuando se clasificó.

72. El país que más veces ha sido campeón es Brasil, y es la única selección que ha participado en todos los Mundiales (21). Ha ganado el 25% de los torneos reñidos hasta la actualidad (5 de 20), y es el último en ganar dos Mundiales sucesivos (1958 y 1962).
73. Solo Bolivia (18) metió menos goles que Argentina (19) en la etapa de clasificación de la Conmebol.
74. El más grande goleador de las Clasificatorias Conmebol fue Edinson Cavani, anotando 10 goles para Uruguay.
75. James Rodríguez es el máximo goleador de Colombia en Copas del Mundo y en la etapa de clasificación para Rusia 2018. Ha jugado en ocho de los últimos 10 goles de su país en los Mundiales, anotando seis y asistiendo dos.
76. No hay país africano que se haya clasificado para tantos Mundiales como Nigeria desde su primera intervención en 1994 (seis), contando Rusia 2018.
77. El único país que no dejó golearse en la tercera ronda de las la fase de clasificación de las selecciones CAF para Rusia 2018 fue Marruecos (6 partidos).
78. De los 19 goles de Perú en Copas del Mundo, Teófilo Cubillas ha logrado 10 y ha asistido dos (63%).
79. Túnez ganó su primer partido en un Mundial el 2 de junio de 1978 (3-1 vs México), pero desde entonces no ha conseguido ganar en sus 11 juegos siguientes (4E 7D). El récord es de Bulgaria, que estuvo 17 duelos sin vencer, entre 1962 y 1994.
80. El máximo goleador de la fase de clasificación de las selecciones CAF (3ª ronda) fue Mohammed Salah, metió 5 de los 8 goles de Egipto.
81. México ha sido excluido en octavos de final en los últimos seis Mundiales. Sin embargo, solo ha perdido dos de sus últimos 17 partidos de grupo (8V 7E).
82. Costa Rica fue una de las tres selecciones invictas en Brasil 2014 (junto con Alemania y Holanda), exceptuando las tandas de penaltis,
83. Panamá se ha clasificado para su primera Copa del Mundo. Eslovaquia fue el último debutante en superar la fase de grupos (2010).
84. Costa Rica se ha clasificado a su quinta Copa del Mundo. Consiguió superar la fase de grupos en dos de sus cuatro participaciones anteriores (1990 y 2014).

85. Será el tercer Mundial de Hernán Darío Gómez, todos regentando a países distintos: estuvo al frente de su país natal, Colombia, en 1998, y de Ecuador en 2002 (en ambas fue excluido en la fase de grupos).
86. Túnez ha conservado su arco invicto en solo uno de sus 12 encuentros Mundialistas (0-0 vs Alemania Occidental, en 1978).
87. Senegal ha quedado clasificada para su segunda Copa del Mundo. Consiguió los cuartos de final en su primera participación (Corea-Japón 2002).
88. Japón ha triunfado solo en dos de sus últimos 11 partidos del Mundial (3E 6D): ante Camerún y Dinamarca, en 2010.
89. Para Carlos Queiroz, exentrenador de Real Madrid será la tercera Copa del Mundo sucesiva como entrenador y segunda seguida con Irán. Su mejor campaña la realizó con Portugal, en 2010, cuando fueron eliminados en octavos de final por el futuro campeón, España.
90. Corea del Sur ha logrado clasificar para su décima Copa del Mundo, venciendo a cualquier otro país de Asia. Es más, no han faltado a ninguna edición desde 1986.
91. Para Héctor Cúper será la primera Copa del Mundo como entrenador. Su otra experiencia en una competición con selecciones fue con Egipto en la Copa Africana de Naciones 2017. Cayó en la final 1-2 ante Camerún.
92. Será la primera competición de Julen Lopetegui como seleccionador de España. Participó en un Mundial como jugador en 1994, en EE.UU. Fue el tercer portero de España, pero no tuvo minutos.
93. Australia ha saltado la valla de la fase de grupos una sola vez. Fue en 2006, cuando fue eliminada en octavos de final por el futuro triunfador, Italia.
94. Para Joachim Löw, entrenador de Alemania, será la sexta gran competición. Siempre llegó a semifinales (2º en EURO 2008, 3º Sudáfrica 2010, semifinalista EURO 2012, campeón Brasil 2014, semifinalista EURO 2016).
95. Será la primera gran competición para Gareth Southgate, actual entrenador de la selección inglesa, ex futbolista capitán. En 1998 disputó dos encuentros con su selección en la Copa del Mundo.
96. El máximo goleador español en la historia de los mundiales David Villa ha marcado nueve de los últimos 20 goles de España en Mundiales. Es uno de los nueve jugadores que ha anotado en las tres últimas ediciones.
97. Los últimos 8 goles de Bélgica en Mundiales fueron realizados a partir del minuto 70.

98. Henrik Larsson no solo es el más grande goleador de Suecia en Copas del Mundo (5, igual que Kennet Andersson, delantero centro de la selección sueca que logró un tercer puesto en USA 94), sino que también fue el último sueco en marcar un gol en esta competición (con Inglaterra, el 20 de junio de 2006).
99. Francia ha logrado 13 victorias, 4 empates y 3 caídas en los partidos de clasificación para el Mundial Rusia 2018. Fue primero en el grupo que constituyó junto a Suecia, Holanda, Bulgaria, Luxemburgo y Bielorrusia.
100. Arabia Saudí clasificó para su quinta Copa del Mundo, no la veía desde 2006. En sus últimas tres participaciones, finalizó último en su grupo. Lo logró imponiéndose 1-0 ante Japón.

CAPÍTULO V

GRUPO A

Rusia
Arabia Saudita
Egipto
Uruguay

Rusia vs. Arabia Saudita
Fecha: jueves 14 de junio
Hora: 10 a.m.
Estadio: Luzhnikí (Moscú)

Egipto vs. Uruguay
Fecha: viernes 15 de junio
Hora: 7 a.m.
Estadio: Ekatarimburgo Arena.

Rusia vs. Egipto
Fecha: martes 19 de junio
Hora: 1 p.m.
Estadio: San Petersburgo

Uruguay vs. Arabia Saudita
Fecha: miércoles 20 de junio
Hora: 10 p.m.
Estadio: Rostov del Don

Uruguay vs. Rusia
Fecha: lunes 25 de junio
Hora: 9 a.m.
Estadio: Samará

Arabia Saudita vs. Egipto
Fecha: lunes 25 de junio
Hora: 9 a.m.
Estadio: Volgogrado

GRUPO B

Portugal
España
Marruecos
Irán

Portugal vs. España
Fecha: viernes 15 de junio
Hora: 1 p.m.
Estadio: Estadio Fisht

Marruecos vs. Irán
Fecha: viernes 15 de junio
Hora: 10 a.m.
Estadio: Estadio de San Petersburgo

Portugal vs. Marruecos
Fecha: miércoles 20 de junio
Hora: 7 a.m.
Estadio: Moscú Luzhniki

Irán vs. España
Fecha: miércoles 20 de junio
Hora: 1 p.m.
Estadio: Kazán

Irán vs. Portugal
Fecha: lunes 25 de junio
Hora: 1 p.m.
Estadio: Saransk

España vs. Marruecos
Fecha: lunes 25 de junio
Hora: 1 p.m.
Estadio: Kaliningrado

Octavos de final

(49) 1A vs. 2B
Fecha: sábado 30 de junio
Hora: 1 p.m.
Estadio: Sochi

(50) 1C vs. 2D
Fecha: sábado 30 de junio
Hora: 9 a.m.
Estadio: Kazán

(51) 1B vs. 2A
Fecha: domingo 1 de julio
Hora: 9 p.m.
Estadio: Moscú

GRUPO C

Francia
Australia
Perú
Dinamarca

Francia vs. Australia
Fecha: sábado 16 de junio
Hora: 5 a.m.
Estadio: Moscú

Perú vs. Dinamarca
Fecha: sábado 16 de junio
Hora: 11 a.m.
Estadio: Saransk

Francia vs. Perú
Fecha: jueves 21 de junio
Hora: 10 a.m.
Estadio: Ekaterimburgo

Dinamarca vs. Australia
Fecha: jueves 21 de junio
Hora: 7 a.m.
Estadio: Samara

Dinamarca vs. Francia
Fecha: martes 26 de junio
Hora: 9 a.m.
Estadio: Moscú Luzhniki

Australia vs. Perú
Fecha: martes 26 de junio
Hora: 9 a.m.
Estadio: Sochi

GRUPO D

Argentina
Islandia
Croacia
Nigeria

Argentina vs. Islandia
Fecha: sábado 16 de junio
Hora: 8 a.m.
Estadio: Moscú Spartak

Croacia vs. Nigeria
Fecha: sábado 16 de junio
Hora: 2 p.m.
Estadio: Kaliningrado

Argentina vs. Croacia
Fecha: jueves 21 de junio
Hora: 1 p.m.
Estadio: Nizhni Novgorod

Nigeria vs. Islandia
Fecha: viernes 22 de junio
Hora: 10 a.m.
Estadio: Volgogrado

Argentina vs. Nigeria
Fecha: martes 26 de junio
Hora: 1 p.m.
Estadio: San Petersburgo

Islandia vs. Croacia
Fecha: martes 26 de junio
Hora: 1 p.m.
Estadio: Rostov del Don

---

(52) 1D vs. 2C
Fecha: domingo 1 de julio
Hora: 1 p.m.
Estadio: Nizhny Novgorod

(53) 1E vs. 2F
Fecha: lunes 2 de julio
Hora: 9 a.m.
Estadio: Samara

(54) 1G vs. 2H
Fecha: lunes 2 de julio
Hora: 1 p.m.
Estadio: Roston on Don

(55) 1F vs. 2E
Fecha: martes 3 de julio
Hora: 9 a.m.
Estadio: San Petersburgo

(56) 1H vs. 2G
Fecha: martes 3 de julio
Hora: 1 p.m.
Estadio: Moscú

GRUPO E

 Brasil
 Suiza
Costa Rica
 Serbia

Costa Rica vs. Serbia
Fecha: domingo 17 de junio
Hora: 7 a.m.
Estadio: Samara

Brasil vs. Suiza
Fecha: domingo 17 de junio
Hora: 1 p.m.
Estadio: Rostov del Don

Brasil vs. Costa Rica
Fecha: viernes 22 de junio
Hora: 7 a.m.
Estadio: San Petersburgo

Serbia vs. Suiza
Fecha: viernes 22 de junio
Hora: 1 p.m.
Estadio: Kaliningrado

Serbia vs. Brasil
Fecha: miércoles 27 de junio
Hora: 1 p.m.
Estadio: Moscú Spartak

Suiza vs. Costa Rica
Fecha: miércoles 27 de junio
Hora: 1 p.m.
Estadio: Nizhni Novgorod

GRUPO F

 Alemania
 México
Suecia
 Corea del Sur

Alemania vs. México
Fecha: domingo 17 de junio
Hora: 10 a.m.
Estadio: Moscú Luzhniki

Suecia vs. Corea del Sur
Fecha: lunes 18 de junio
Hora: 7 a.m.
Estadio: Nizhni Novgorod

Alemania vs. Suecia
Fecha: sábado 23 de junio
Hora: 1 p.m.
Estadio: Sochi

Corea del Sur vs. México
Fecha: sábado 23 de junio
Hora: 10 a.m.
Estadio: Rostov del Don

México vs. Suecia
Fecha: miércoles 27 de junio
Hora: 9 a.m.
Estadio: Ekaterimburgo

Corea del Sur vs. Alemania
Fecha: miércoles 27 de junio
Hora: 9 a.m.
Estadio: Kazán

Cuartos de final

(57) Ganador del 49 vs. Ganador del 50
Fecha: viernes 6 de julio
Hora: 9 a.m.
Estadio: Nizhny Novgord

(58) Ganador del 53 vs. Ganador del 54
Fecha: viernes 6 de julio
Hora: 1 p.m.
Estadio: Kazán

(59) Ganador del 51 vs. Ganador del 52
Fecha: sábado 7 de julio
Hora: 1 p.m.
Estadio: Sochi

(60) Ganador del 55 vs. Ganador del 56
Fecha: sábado 7 de julio
Hora: 9 a.m.
Estadio: Samará

GRUPO G

- Bélgica
- Panamá
- Túnez
- Inglaterra

Bélgica vs. Panamá
Fecha: lunes 18 de junio
Hora: 10 a.m.
Estadio: Sochi

Túnez vs. Inglaterra
Fecha: lunes 18 de junio
Hora: 1 p.m.
Estadio: Volgogrado

Bélgica vs. Túnez
Fecha: sábado 23 de junio
Hora: 7 a.m.
Estadio: Moscú Spartak

Inglaterra vs. Panamá
Fecha: domingo 24 de junio
Hora: 7 a.m.
Estadio: Nizhni Novgorod

Inglaterra vs. Bélgica
Fecha: jueves 28 de junio
Hora: 1 p.m.
Estadio: Kaliningrado

Panamá vs. Túnez
Fecha: jueves 28 de junio
Hora: 1 p.m.
Estadio: Saransk

GRUPO H

- Polonia
- Senegal
- Colombia
- Japón

Polonia vs. Senegal
Fecha: martes 19 de junio
Hora: 10 a.m.
Estadio: Moscú Spartak

Colombia vs. Japón
Fecha: martes 19 de junio
Hora: 7 a.m.
Estadio: Saransk

Japón vs. Senegal
Fecha: domingo 24 de junio
Hora: 10 a.m.
Estadio: Ekaterimburgo

Polonia vs. Colombia
Fecha: domingo 24 de junio
Hora: 1 p.m.
Estadio: Kazán

Senegal vs. Colombia
Fecha: jueves 28 de junio
Hora: 9 a.m.
Estadio: Samara

Japón vs. Polonia
Fecha: jueves 28 de junio
Hora: 9 a.m.
Estadio: Volgogrado

Semi final

(61) Ganador del 57 vs. Ganador del 58
Fecha: martes 10 julio
Hora: 1 p.m.
Estadio: San Petersburgo

(62) Ganador del 59 vs. Ganador del 60
Fecha: martes 10 de julio
Hora: 1 p.m.
Estadio: Moscú

Tercer Lugar

(63) Perdedor del 61 vs. Perdedor del 62
Fecha: sábado 14 de julio
Hora: 9 a.m.
Estadio: San Petersburgo

Final

(64) Ganador del 61 vs. Ganador del 62
Fecha: domingo 15 de julio
Hora: 10 a.m.
Estadio: Moscú

CPSIA information can be obtained
at www.ICGtesting.com
Printed in the USA
LVHW060155031122
732271LV00011B/537